캘린더 호수

한 국 대 표
명 시 선
1 0 0

서 정 춘

캘린더 호수

시인생각

■ 시인의 말

첫 시집 『죽편』에 시인의 말을 이렇게 썼다.

> 아, 나의 농사는 참혹하구나
> 흑!
> 흑!

등단 28년 만에, 다 버리고 35편만으로 첫 시집을 낸 허탈한 심정을 실토한 것이다.

나는 이 시집을 내기까지 똑같은 꿈을 세 번이나 꾸게 된다. 텅 빈 헛간에서 쭈굴치고 앉아 무쇠칼을 갈았다. 다 갈고 나면 은장도가 되고 수박 향을 풍기며 은어 새끼가 된 것을 회 쳐 먹곤 했다. 여기서 시인으로서 나의 장인정신이 비롯된 것이다.

다른 시집 『봄, 파르티잔』의 시인의 말 가운데 한 구절은 이렇다.

> 不是一番불시일번 寒徹骨한철골
> 爭得梅花쟁득매화 撲鼻香박비향
> 한 번 추위가 뼛속까지 스미지 않고는
> 어찌 진한 매화의 향기를 얻으리

물론, 당나라 고승 황벽의 시다.

이 시를 칸딘스키가 추상화론을 쓰면서 인용한 것이다.

뼈가 시린 고통으로 구상을 거치지도 않고 추상화를 그린 것에 대한 충고다.

이 또한 내 시 정신의 화두다.

또 하나의 시집 『귀』에서 시인의 말은 불안하다.

시, 열 여자를 만나면
시, 아홉 여자가 나를 버렸다
시, 한 여자도 나를 버릴 것이다

시와 여자는 나에게는 존엄이다.

그들 앞에 몸짓과 말씀을 극히 조심해 왔다.

그렇지 않으면 벼룩처럼 튀어 버린다.

여시아문, 귀동냥 통계학으로 얻어진 소리다.

끝까지 시와 여자를 나의 존엄으로 모실 것이다.

2013년

서 정 춘

■ 차 례 — 캘린더 호수

시인의 말

1

2

3

4

5

1

캘린더 호수

나에게는 참깨 밭의 꿀벌 같은
하도나 이쁜 늦둥이 어린 딸이 있어
오늘은 깨잘도 입에 달아주면서
캘린더 걸어놓고 숫자를 읽히는데
아빠
2는 오리 한 마리
아빠
22는 오리 두 마리
아빠
우리 함께 호수공원에 갔을 때
뒷놈 오리가 앞놈을 타올라 물을 먹여 죽였어요
하길래설랑
나는 저런저런 하다가
나도 호숫가 물소리로 그럼그럼 했더라

새

그녀의

눈치 빠른 몸짓처럼

찍소리 하나 없는

댓돌 위의 정물처럼

굽 높은

힐처럼

시뮬레이션

설깨진 유리창 아래

새가 한 마리 떨어져 있소

새는 날개가 안으로 움츠러져 있소

두 다리와 부리마저도 몹시 움츠러져 있소

유리창 안쪽에서는 가냘픈 비명을 머금은 듯

모딜리아니 풍의 얼굴에 빗금이 난 아내가 유령처럼 서 있소

그는 새를 돌멩이라며 입살이 심했소

낮말은 새가 듣고

돌멩이는 귀가 없소

귀

하늘은 가끔씩 신의 음성에겐 듯

하얗게 귀를 기울이는 낮달을 두시었다

유리 호텔

저유리창어제
도오늘도나만
쳐다보네그러
나유리창에유
리는안보이고
얼핏설핏노을
빛저기저기거
기상처위에상
처를약발라주
는노을빛불륜
처럼불륜처럼
나만쳐다보네

소묘

하느님은 부서져서

가을볕에 내리시고

소리도 그늘도 없는

셀로판지 빛깔의

따뜻한 공지 위에

잠자리 그림자의 그림을 그리고 있다

연필로 그리고 있다

너무 투명해서

잠자리는 한 마리도 보이질 않는다

고추잠자리

저! 일획一劃으로 켜진 성냥개비만한 것

저것이 여러 번씩 내 속눈썹 지지는 마른 번갯불이네

도마뱀붙이

슬픈 문둥이 시인詩人 한하운이 잘게 잘게 뛰어다닌 도마뱀을 보았다면, 그의 떨어져나간 발가락을 도마뱀 피붙이로 분류했을 것이다

도마뱀을 좇아서

한때, 나는 타이프라이터를 일컬어 나의 손가락을 타닥! 타닥! 잘라 먹은 섬뜩한 괴물이라고 생각한 적이 있었고, 잘라 먹힌 나의 손가락은 도마뱀을 좇아서 들로 산으로 달아난 것이라고 생각한 적도 있었다

도마뱀을 살려라

이쁜 아내가 부엌에 나가
자기 손에 잡힌 도마뱀을
빨리빨리 칼질을 하다가
그만 손가락이 잘린
피를 보고 말았다
아까는 도마 위에서
도마뱀이 뛰었다
뛰는 박자가 저리 좋으면
맛도 좋으리라
도마뱀 요리에 기대가 컸지만
흘린! 한 방울 피간장에 허탕치고 마는구나
아내는 잘린 손가락
끝에 피눈물을 흘리는 도마뱀을 싸들고
빨리빨리 재생의 길로 뛰고 있었다

도마뱀이 피아노를 치다

세계에서 손가락이 제일 긴 아저씨는 피아노의 거장 루빈스타인이다 너 같이 짧은 손가락(그것도 손가락이라고)이 피아노를 친다고? 차마 도마뱀 대가리만 내놓은 발가락 같은 그 손가락이 피아노를 친다고? 물음표 두 개를 마누라 양쪽 귀걸이에 걸어 주며 구박을 하자 건반 위에서 펄쩍 뛰어내린 그 짧은 손가락이 아까부터 자기 발가락에 숨어 있던 도마뱀을 좇아 건반 위에 풀어놓고 그것들을 열 손가락으로 때려죽이고 있었다

잔盞

왕은

둥글고

잔잔한

호숫가로

미희美姬들을 불렀다

물의 물빛 물소리로 지저귀라고

지저귀며 물새가 되어 보라고

새벽

흰 꼬리 고양이 울음소리가

문지방에 희미하게 걸려있습니다

2

돛

바다 위, 거미줄 친 돛단배들

물거미 입에 물린 흰 나비의 우화羽化들

11월

단풍! 좋지만
내 몸의 잎사귀
귀때기가 얇아지는
11월은 불안하다

어디서
죽은 풀무치 소리를 내면서
프로판 가스가 자꾸만 새고 있을 11월

다른 감나무

감나무 한 그루와
서 있는 사람이
비슷하게
단물이 들어 보인다

단물이 듬뿍 든 감나무가
양달 쪽의 한 가장이를 골라
서서히 놓아 주고 있다

서 있는 사람의
손에게로 가서
다른 감나무가 되어
주렁주렁 감을 달고
가을 시내로 걸어가는 것을
보았다

나비제祭

나비가 한 마리 나에게로
수만 마리 몸짓을 버리고 버리면서 나에게로
잃어버린 꽃밭 길도 잃어버린 수화手話도 도로 찾아 나에게로
빨리빨리 날아오니 낙화유수입니다

꽃밭에 든 내 마음의 향기가
나비를 한 마리 맞이합니다

나비는
천사가 백지로 날개를 오려 줄 때
그 가위질 소리도 한 소절 가지고 날아옵니다

나비는
천사가 손거울에 햇볕을 담아 요리조리 비춰서
나에게로 한 마리 지어 보내 준 것입니다

나비는
다 자란 내 마음의 향기 위에
날개를 한 번 접은 백지입니다

나비는
꽃뿌리의 땅속에서 대장장이가
연거푸 불어 올린 풀무질 소리에
귀가 밝은 불꽃으로 나불거립니다

나비는 연금술을 꿈꾸기 시작하는 백지의 은유입니다

사과 깎기

사과를 깎는 일만 능사가 아니다
이것 봐라 이것 봐라
니켈 나이프를 번쩍번쩍 핥으며
즐거운 노래가 기어 나오고 있어
과향을 풀어 주는 눈 먼 꽃뱀 한 마리

과육을 갈라 보면
꽃뱀의 눈깔이
씨방 속에 처박힌다

파 버릴까
말까
향스러운
치사량을

이슬에 사무치다*

나는 이슬방울만 보면 돋보기까지 갖고 싶어진다
나는 이슬방울만 보면 돋보기만한 이슬방울이고
이슬방울 속의 살점이고 싶다
나보다 어리디어린 이슬방울에게
나의 살점을 보태 버리고 싶다
보태 버릴수록 차고 다디단 나의 살점이
투명한 돋보기 속의 샘물이고 싶다
나는 샘물이 보일 때까지 돋보기로
이슬방울을 들어올리기도 하고 들어 내리기도 하면서
나는 이슬방울만 보면 타래박까지 갖고 싶어진다

*) 구제 : 초로草露.

잠자리 날다

아세요
빠른 힘을 가지고
눈에
귀를 듣는
별소리
부스러기 리듬인지
모시 빛깔
물 맛 나는
시과翅果 빛깔인지
아세요
나는[飛] 일이
슬픈 일인지
빼빼마른 기분에
고비사막에서
물을 뜨는
참 시원한 것인지
아세요
바람 맛에
힘이 자란
한 마리

악기라고 불러놓고
리듬을 쓰는
글자인지
아세요

수평선

하늘 밑 바다 위에
빨랫줄이 보인다

빨랫줄 위에는
다른 하늘이 없고

빨랫줄에
빨래는 파도뿐이다

빨랫줄

그것은, 하늘 아래
처음 본 문장의 첫 줄 같다
그것은 하늘 아래
이쪽과 저쪽에서
길게 당겨 주는
힘줄 같은 것
이 한 줄에 걸린 것은
빨래만이 아니다
봄바람이 걸리면
연분홍 치마가 휘날려도 좋고
비가 와서 걸리면
떨어질까 말까
물방울은 즐겁다
그러나, 하늘 아래
이쪽과 저쪽에서
당겨 주는 힘
그 첫 줄에 걸린 것은
바람이 옷 벗는 소리
한 줄 뿐이다

난蘭

난을 기르듯

여자를 기른다면

오지게 귀 밝은

요즘 여자가 와서

내 뺨을 치고서

파르르르 떨겠지

빅 브라더

어쩔 수 없네

바쁜 길 걷다가 고샅길로 드네

다급한 소피 시언코롬 보네

어디서 하르른지 파르른지 인기척 있네

찔끔하고 이마 들고 우러를 보네

모자 쓴 낮달이 아까 본 얼굴이네

아까 보고 또 보네

수수꽃다리

자기 몸의 암향을

아꼈다가 조금씩

꽃벌에 들켜 버린

사춘기들아

저년들 생살에

벌을 쏘이면

시집 빨리 간댔더니

왁자지껄 사라지는

여동생들아

첫사랑

가난뱅이 딸집 순금이 있었다
가난뱅이 말집 춘봉이 있었다

순금이 이빨로 깨트려 준 눈깔사탕
춘봉이 받아먹고 자지러지게 좋았다

여기, 간신히 늙어 버린 춘봉이 입 안에
순금이 이름 아직 고여 있다

3

봄, 파르티잔

꽃 그려 새 울려놓고

지리산 골짜기로 떠났다는

소식

30년 전

— 1959, 겨울

어리고, 배고픈 자식이 고향을 떴다

—아가, 애비 말 잊지 마라
가서 배불리 먹고 사는 곳
그곳이 고향이란다

화음和音

햇볕이 질화로처럼 따뜻한 봄날이다

일전, 쑥밭골 미나리꽝에서는 새순 돋아 일어나는 미나리의 연약한 힘에 반혀 살얼음 바스러지는 소리가 사금파리처럼 반짝거리다가 홰를 치는 장닭 울음소리에 채여 지리산 화개골 쪽으로 사라지는 화음이 멀기도 멀었다

낡은 집 돌각담에 등을 대고 오돌오돌 앉아서 실성한 듯 투덜거리는 저 할머니의 아들 하나는 빨치산이었음을 나는 알고 있다

오늘, 그 푸른 말똥이 그립다

나는 아버지가 이끄는 말구루마 앞자리에 쭈굴쳐 타고 앉아 아버지만큼 젊은 조랑말이 꼬리를 쳐들고 내놓은 푸른 말똥에서 확 풍겨오는 볏짚 삭은 냄새가 좀 좋았다고 말똥이 춥고 배고픈 나에게는 따뜻한 풀빵 같았다고 1949년 하필 이면 어린 나의 일기장에 침 발린 연필 글씨로 씌어 있었다

오늘, 그 푸른 말똥이 그립다

백석 시집에 관한 추억

아버지는 새봄맞이 남새밭에 똥 찌끌고 있고

어머니는 언덕배기 구덩이에 호박씨 놓고 있고

땋머리 정순이는 떽키칼 떽키칼로 나물 캐고 있고

할머니는 복구를 불러서 손자 놈 똥이나 핥아 먹이고

나는 나는

몽당손이 몽당손이 이 강산 낙화유수 아재비를 따라

백석 시집 얻어 보러 고개를 넘고

세한도歲寒圖

추워라

마루 밑

개집

구멍

나는

추워라

초가집

문풍지

우는 날

빈집

누가 살다 비웠을까
비운 순간, 내부로부터
가볍게 기울다 만
오두막집 하나 그 빈집에
젊은 제비 부부 한 쌍 날아와
기울다 만 반대쪽 처마 끝에
새집 붙여 살고 있다

생색깨나 떨면서
아름답구나

이 몸 들어가
한평생 살고 싶다
제비한테 흥정하면
이제 와서 들어 줄까

수평선 보며

그렇다, 하늘은 늘 푸른 폐허였고
나는 하늘 아래 밑줄만 그읏고 살았다

마치, 누구의 가난만은
하늘과 평등했음을 기념하듯이

관음觀音

아직 밀물 때가 아니다
아까부터, 풋게 한 마리가
잠자코 거품을 풀고 있다
찡한 눈물 같고
사라지는 슬픔 같은
두 살 때 죽은
어머니의 목소리
귓전에 들린다
(울지 마, 울지 마)

눈물 부처

비 내리네

이 저녁을

빈 깡통 두드리며

우리 집 단칸방에

깡통 거지 앉아 있네

빗물 소리 한없이 받아 주는

눈물 거지 앉아 있네

봉선화

너는 가난뱅이 울 아비의 작은딸

나의 배고팠던 누님이

아이보개 떠나면서 보고보고 울던 꽃

석양처럼 남아서 울던 꽃 울던 꽃

전설

길고 긴 두 줄의 강철시詩를 남겼으랴

기차는, 고향 역을 떠났습니다

하모니카 소리로 떠났습니다

하모니카

타향살이 몇 해던가 따위

철없이 부르고 싶은 노래가 있다

서울에서 죽은 시인의 고향으로

길게 울고 가는 텅 빈 객차 한 칸

4

박용래 시인

박용래는 홋승에서 개구리가 되었을라

상칫단 씻다 말고 그리고……그리고……

아욱단 씻다 말고 그리고……그리고……

죽은 홍래 누이 그립다가 그리고……그리고……

박용래는 홋승에서 그리고로 울었을라

나목

— 박수근 화가

그는 겨울보다 먼저 새봄을 생각하고
마를대로 마른 나목의 삭정이를 애써 꺾었으리
그러면 마음의 잔가지도 많이 꺾여져서
여간 쓸쓸했던지 아무렴 나목 아래
따뜻하게 애기 업은 여자를 빈처만큼 사랑하고
이리 획 저리 획 웅달 양달 고샅길 꺾다 꺾다
나목 우듬지의 정처定處까지 걸었으리
번지는 없지만, 어디 하늘만 한 정처가 또 있었으리

와온臥溫의 시詩

하도나 좋은 포구 이름

누울 와臥 따스 온溫

갯물은 덮어 주고

개펄은 품어 주고

여기 무슨,무슨,무슨

입 다문 조개들의

서산 해질녘

늦꽃

들국화는 오래 참고
늦꽃으로 핀다
그러나
말없이 이름 없는
가인佳人 같아 좋다
아주 조고맣고
예쁘다
예쁘다를 위하여
늦가을 햇볕이
아직 따뜻했음 좋겠는데
이 꽃이
바람의 무게를 달고
홀린 듯 홀린 듯
사방으로 흔들리고 있다
이 꽃이
가장 오랜 늦꽃이고
꽃도 중생 같다

균열

내 오십 사발의 물사발에
날이 갈수록 균열이 심하다

쩍쩍 줄금이 난 데를 불안한 듯
가느다란 실핏줄이 종횡무진 짜고 있다

아직 물 한 방울 새지 않는다
물사발의 균열이 모질게도 아름답다

달팽이 약전略傳

내 안의 뼈란 뼈 죄다 녹여서 몸 밖으로 빚어낸 둥글고 아름다운 유골 한 채를 간신히 들쳐 업고 명부전이 올려다보인 젖은 뜨락을 슬몃슬몃 핥아가는 온몸이 혓바닥뿐인 생生이 있었다

단풍놀이

여러 새가 울었단다

여러 산을 넘었단다

저승까지 갔다가 돌아왔단다

비 오는 날*

내 몸의 잎사귀
두 귀때기
빗소리 얻으러 귀동냥 가고 있다
귓속으로
귓속으로
귀동냥 가고 있다

*

비 오는 날은
떠돌이
빗소리를 아느냐
빗소리 따라다닌
슬픈 귀동냥

*

세상은 빗소리로 가득하고
문득 나만 없다

*) 구제 : 우중雨中.

맹꽁이에게*

첫비 오고 있다

너 아직 누웠거라

맹인 걸음으로

봄비는 오느니

오는 비 간다하고

가는 비 온다하고

귀머거리 시늉으로

무덤 속인 양

*) 구제 : 첫비.

반딧불이

오호, 가냘픈 맥박!

너는, 너는,

먼 먼 옛날의

간이역만 흘러 다닌

푸른

시그널

너는,

너는,

반쯤 감긴 눈에

기적소리 듣는

귀,

DNA

나에게

밤이란

고고조 할배의

무덤 속이었다가

무덤 속의

나는

부싯돌을 치는

귀뚜라미였다가

깊은 밤

대숲에 이슬 내린 소리 받아 들으니

밤중도 자궁 속 같습니다

아, 전생 같은 오늘 밤

종소리

한 번을 울어서
여러 산 너머
가루가루 울어서
여러 산 너머
돌아오지 말아라
돌아오지 말아라
어디 거기 앉아서
둥근 괄호 열고
둥근 괄호 닫고
항아리 되어 있어라
종소리들아

5

봄날

나여

푸르러 맑은 날과

바람 불어 좋은 날은

죽기에도 좋은 날

이런 날은 산불 같은

꽃상여 좀 타 봤으면,

죽편竹篇 1
— 여행

여기서부터, —멀다

칸칸마다 밤이 깊은

푸른 기차를 타고

대꽃이 피는 마을까지

백 년이 걸린다

동행

물돌물 돌물돌
물이 흘러갑니다

함께 가자
함께 가자

어린 물이 어르며
어린 돌을 데불고 흘러갑니다

모래무덤 끝으로
그리움으로

비백飛白*

저것이냐 비백飛白**

어느 흘림체 먹물에서 보았던 비백飛白

오늘 섬진강 여울에서 시린 니쏘리로 여러 번씩 들린다 비백飛白

돌자갈에 몸을 갈며 여울물 차오를 때 보이는 비백飛白

은장도 빛깔의 은어銀魚 떼가 보인다 비백飛白

저 역류의 힘! 비백飛白

*) 구제 : 흘림.
**) 솔 같은 붓으로 글자의 획에 흰 자국이 나도록 쓰는 한자의 서체.

혼불 1

오, 불아

누가

훅 불어 버린 불아

눈 감고 눈 준

명목瞑目도 버려놓고

겁도 없이 겁도 없이

일확천금 허공만을 훔쳐서

떠돌이로 달아나는

너, 마지막 처음인

불아

경내境內

하늘이 조용한 절집을 굽어보시다가 댓돌 위의 고무신 한 켤레가 구름 아래 구름보다 희지고 있는 것을 머쓱하게 엿보시었다

풍경風磬

우네
물고기 처량하네
쇠 된 물고기
하릴없이 허공에다
자기 몸을 냅다 치네

저 물고기
절집을 흔들며
맑은 물소리 쏟아 내네
문득, 절집이 물소리에 번지네

절집을 물고
물고기 떠 있네

낙차落差

— 해우소에서

마음 놓고 듣네

나 똥 떨어지는 소리

대웅전 뒤뜰에 동백나무 똥꽃 떨어지는 소리

노스님 주장자가 텅텅 바닥을 치는 소리

다 떨어지고 없는 소리

저수지에서 생긴 일

갑자기, 큰 물고기 한 마리가 저수지 전체를 한 번 들어 올렸다가 도로 내립다 칠 때는 결코 숨 가쁜 잠행 끝에 한 번쯤 자기 힘을 수면 위로 뽐어 보인 것인데 그것도 한순간에 큰 맘 먹고 벌이는 결행 같은 일이기도 하다

달팽이와 놀아나다

어딜 가니

몰라

멀리 가니

모올라

가기는 가니

(!!)

기러기

허드레
허드레
빨랫줄을
높이 들어올리는
가을 하늘
늦비
올까
말까
가을걷이
들판을
도르래
도르래 소리로
날아오른 기러기 떼
허드레
빨랫줄에
빨래를 걷어가는
분주한 저물녘
먼
어머니

낙화시절

누군가가
이 강산 낙화유수 흐르는 봄에
문밖 세상 나온 기념으로
사진이나 한 방 찍고 가자 해
사진을 찍다가 끽다거를 생각했다
그 순간의 빈틈에
카메라의 셔터가 터지고
나도 터진다
빈 몸 터진다
이 강산 낙화유수 흐르는 봄에

시와 퇴고

— 미당 풍으로

시여, 가을날 기러기는 높고 푸른 하늘만 보면 거기 반드시 시 한 줄을 쓰면서 앞줄 고쳐 묻고 뒷줄 따라 묻고 여러 번씩 읽어가는 글공부 소리를 잘도나 들려준 적 있었나니

서정춘 연보

1941년 전남 순천에서 나고 순천여고 담벽 옆에 오두막을 두고 순천만에서 성장함.

1943년 생모 별세.

1960년 순천매산중고등학교 졸업.

1964년 지원 입대.

1968년 <신아일보> 신춘문예 시 당선.

1969년 동화출판사 입사.

1996년 동화출판사 명예퇴직.

1996년 첫 시집 『죽편』

2001년 시집 『봄, 파르티잔』

2005년 시집 『귀』

2010년 시집 『물방울은 즐겁다』

[수상]

제3회 박용래문학상

제1회 순천문학상

제6회 최계락문학상

제5회 유심작품상

〖한국대표명시선100〗을 펴내며

한국 현대시 100년의 금자탑은 장엄하다. 오랜 역사와 더불어 꽃피워온 얼·말·글의 새벽을 열었고 외세의 침략으로 역경과 수난 속에서도 모국어의 활화산은 더욱 불길을 뿜어 세계문학 속에 한국시의 참모습을 드러내게 되었다.

이 나라는 글의 나라였고 이 겨레는 시의 겨레였다. 글로 사직을 지키고 시로 살림하며 노래로 산과 물을 감싸왔다. 오늘 높아져 가는 겨레의 위상과 자존의 바탕에도 모국어의 위대한 용암이 들끓고 있음이다.

이제 우리는 이 땅의 시인들이 척박한 시대를 피땀으로 경작해온 풍성한 시의 수확을 먼 미래의 자손들에게까지 누리고 살 양식으로 공급하는 곳간을 여는 일에 나서야 할 때임을 깨닫고 서두르는 것이다.

일찍이 만해는 「님의 침묵」으로 빼앗긴 나라를 되찾고 잃어가는 민족정신을 일으켜 세우는 밑거름으로 삼았으며 그 기룸의 뜻은 높은 뫼로 솟아오르고 너른 바다로 뻗어 나가고 있다.

만해가 시를 최초로 활자화한 것은 옥중시 「무궁화를 심고자」(≪개벽≫ 27호 1922.9)였다. 만해사상실천선양회는 그 아흔 돌을 맞아 만해의 시정신을 기리는 일의 하나로 '한국대표명시선100'을 펴내게 된 것이다.

이로써 시인들은 더욱 붓을 가다듬어 후세에 길이 남을 명편들을 낳는 일에 나서게 될 것이고, 이 겨레는 이 크나큰 모국어의 축복을 길이 가슴에 새겨나갈 것이다.

만해사상실천선양회

한국대표명시선100 | **서 정 춘**

캘린더 호수

1판1쇄 발행 2013년 6월 17일
1판3쇄 발행 2021년 7월 12일

지 은 이 서 정 춘
뽑 은 이 만해사상실천선양회
펴 낸 이 이 창 섭
펴 낸 곳 시인생각
등 록 번 호 제2012-000007호(2012.7.6)
주 소 고양시 일산동구 호수로 688. A-419호
㊪10364
전 화 050-5552-2222
팩 스 (031)812-5121
홈 페 이 지 http://www.dhmunhak.com
이 메 일 lkb4000@hanmail.net

값 6,000원

ISBN 978-89-98047-50-4 03810

※ 이 책은 만해사상실천선양회의 지원으로 간행되었습니다.